Mass in C
and
Christ on the Mount of Olives

in Full Score

LUDWIG VAN BEETHOVEN

DOVER PUBLICATIONS, INC.
Mineola, New York

Bibliographical Note

This Dover edition, first published in 1996, is a new compilation of two works originally published by Breitkopf & Härtel, Leipzig, n.d. [1864–90], as Nos. 204 (*Messe,* Op. 86) and 205 (*Christus am Oelberge, Op. 85*) in Serie 19, "Kirchenmusik," of *Ludwig van Beethovens Werke / Vollständige kritisch durchgesehene überall berechtigte Ausgabe / Mit Genehmigung aller Originalverleger.* The Dover edition adds lists of contents and instrumentation.

International Standard Book Number: 0-486-29346-7

Manufactured in the United States of America
Dover Publications, Inc., 31 East 2nd Street, Mineola, N.Y. 11501

Contents

Christ on the Mount of Olives
[Christus am Oelberge]

Oratorio
For Soprano, Tenor and Bass Soli, Chorus and Orchestra
Op. 85 (1803, revised 1804)

German text on the narrative of Christ's agony in the Garden of Gethsemane

VOICES AND CHARACTERS

Seraph . . . . Soprano

Jesus . . . . Tenor

Peter [Petrus] . . . . Bass

CHORUSES
Angels' Chorus [Chor der Engel] (SATB)
Soldiers' Chorus [Chor der Krieger] (TTB)
Disciples' Chorus [Chor der Jünger] (T)

Instrumentation

(follows score order)

2 Flutes [Flauti, Fl.]
2 Oboes [Oboi, Ob.]
2 Clarinets in C, A, Bb ("B") [Clarinetti, Cl.]
2 Bassoons [Fagotti, Fag.]

2 Horns in C, D, Eb ("Es"), G, Bb ("B") [Corni, Cor.]
2 Trumpets in C, D, Eb ("Es") [Trombe]

Timpani [Timpani]

3 Trombones (Alto, Tenor, Bass) [Trombone, Tromb.
  (Alto, Tenore, Basso)]

Violins I, II [Violino, Vl.]
Violas [Viola]

  Solo Vocal Trio (STB)
  Chorus*

Cellos & Basses [Violoncello e Basso, Vc. u. Cb.]

*Scored variously as:
  Angels' Chorus   . . . [Chor der Engel] . . . . (SATB)
  Soldiers' Chorus . . . [Chor der Krieger] . . . (TTB)
  Disciples' Chorus . . . [Chor der Jünger]   . . . (T)

№ 1. Introduzione.

Recitativo.

Jesus.
Jehovah, du mein Vater! o sende Trost und Kraft und Stärke mir! Sie nahet nun die Stunde meiner

Ich höre deines Seraphs Donnerstimme. Sie fordert auf, wer statt der Menschen sich vor dein Ge_richt jetzt stellen will.

O Vater! ich erschein' auf diesen Ruf. Vermittler will ich sein, ich büsse, ich al_

Aria.

Un poco più lento.

ab, statt des Schweisses, Blut, Blut her _ ab.

Va _ ter! tief ge_beugt und kläglich fleht dein Sohn hin_auf zu dir, zu dir: deiner Macht ist Alles

preist Menschen sei _ ne Huld! Er stirbt für euch aus Liebe, für euch aus Lie _ be, sein Blut, sein

Blut tilgt eu _ re Schuld. Preist Men _ schen, preist _____ sei _ ne

O Heil euch! Heil euch,ihr Er_lösten, euch win_ket,

euch winket Se _ lig_keit, euch win_ket Se _ligkeit,wenn ihr ge_treu in

Glaub und Hoffnung seid.   Doch weh!

die frech ent _ eh _ ren   das Blut,__ das für sie floss, sie trifft ____ der Fluch des Richters, Ver_

dam_mung ist ihr Loos, Ver_dam _ _ _ _ mung, Verdammung, Ver_dammung ist ihr Loos,

Ver _ dammung, Ver _ dam _ _ _ _ mung ist ihr Loos.

Euch win_ket Se _ ligkeit.   O Heil, o Heil euch!

Euch winket Se _ ligkeit.   O Heil, o Heil euch, o Heil euch!

Euch winket Se _ ligkeit.   O Heil, o Heil euch, o Heil euch!

Euch win_ket Se _ ligkeit.   O Heil, o Heil euch!

O Heil euch! Heil euch, ihr Er_lösten, euch win_ket, euch winket Se_ligkeit,

sempre piano.

O Heil euch, ihr Er_lösten, o Heil euch! euch win_ket, euch

sempre piano.

O Heil euch, ihr Er_lösten, o Heil euch! euch win_ket, euch

sempre piano.

O Heil euch, ihr Er_lösten, o Heil euch! euch win_ket, euch

sempre piano.

O Heil euch, ihr Er_lösten, o Heil euch! euch win_ket, euch

p cresc.
Lie - - - - - - - be, in Glaub' und Hoffnung seid.
wenn ihr ge - treu, getreu in Lie_be, in Glaub' und Hoff - nung seid.
wenn ihr ge - treu, getreu in Lie_be, in Glaub' und Hoff - nung - seid. Doch
wenn ihr ge - treu, getreu in Lie_be, in Glaub' und Hoff - nung seid. Doch weh,
seid, wenn ihr ge - treu, getreu in Lie_be, in Glaub' und Hoff - nung seid.
cresc.

Doch Heil euch, euch ihr Er_lösten, euch win_ket Se_lig_keit,_____ wenn ihr____ ge_treu in

Doch Heil euch, ihr Er_lö_sten, wenn ihr getreu in

Doch Heil euch, euch, ihr Er_lö_sten, wenn ihr ge_treu in

Doch Heil euch, ihr Er_lö_sten, wenn ihr ge_treu, ge_treu, in

Doch Heil euch, ihr Er_lö_sten,

№ 3. Recitativo.

lange bleibt das menschli_che Ge_schlecht verworfen und be_raubt des ew'gen Le_bens.

Duetto.

Fl. Adagio molto.

Gross sind die Qual, die Angst, die Schrecken, die Got _ tes Hand auf ihn er _

Gross sind die Qual, die Angst, die Schrecken, die Got _ tes Hand auf mich er _

giesst, doch grösser, grösser noch ist sei _ ne Lie _ be, ist sei _ ne Lie _ be, mit der sein Herz ___

giesst, doch grösser, grösser noch ist meine Lie _ be, mit der mein Herz ___

die Welt, die Welt um schliesst, doch grösser noch ist seine Liebe, mit der sein Herz, mit der sein Herz, sein Herz die Welt um-

die Welt, die Welt um schliesst, doch grösser noch ist meine Liebe, mit der mein Herz, mit der mein Herz, mein Herz die Welt um-

schliesst.

schliesst.

№ 4. Recitativo.

Andante con moto.

Willkommen, Tod! den ich am Kreuze zum Heil der Menschheit blutend

sterbe!   O seid in eurer kühlen Gruft ge_seg_net, die ein ew'_ger

Schlaf   in seinen Ar_men   hält,   ihr werdet froh   zur Seligkeit_wachen.

№ 5. Recitativo.

kühn   der Juden König nannte, hier ist er, der Ver_bannte, der sich im Vol_ke kühn   der Juden König

kühn   der Juden König nannte, hier ist er, der Ver_bannte, der sich im Vol_ke kühn   der Juden König

um_ringt von rauhen Krie_gern, wie wird es uns er_gehn!   ach, wie wird ___ es uns er_

greift   und   bin_det ihn, er_greift   und   bin_det ihn, er_greift und bindet   ihn,   er_greift und bindet   ihn,

greift   und   bin_det ihn,er_greift   und   bin_det ihn,er_greift und bindet   ihn,   er_greift und bindet   ihn,

schehn, es ist um uns, ach! es ist um uns ge _ schehn! Wie wird es uns er _ gehn? es ist um uns ge_ schehn!

_____ und bin_det ihn. Er _ grei_fet ihn und bin_det ihn!

_____ und bin_det ihn. Er _ grei_fet ihn und bin_det ihn!

wird es uns er_gehn!

bindet ihn und bin _ det ihn!

greift und bin _ det ihn!

№ 6. Recitativo.

81

Terzetto.

Allegro ma non troppo.

Du sollst nicht Ra _ che ü _ ben! ich lehrt' euch blos al _ lein, die Menschen al _ le lie _ ben, dem

Blut.

Fein_de gern ver_zeihn. ich lehrt' euch blos al _ lein, die Menschen al _ le lie_ben, dem Feinde, dem Feinde gern ver_

hei_li_ge Ge_bot: lieb je_nen,der euch hasset, nur so gefallt ihr Gott, nur so___ ge_fallt ihr

hei_li_ge Ge_bot: lieb je_nen,der euch hasset, nur so, nur so, nur so___ ge_fallt ihr

hei_li_ge Ge_bot: lieb je_nen,der euch hasset, nur so ge_fällt ihr Gott,nur so,nur so ge_fallt ihr

Un poco più lento.

a tempo.

Gott, nur so ge_fallt ihr, nur so ge_fallt___ ihr,

Gott, nur so,nur so ge_fallt ihr, nur so ge_fallt,ge_fallt ihr, nur

Gott, nur so,nur so,nur so ge_fallt ihr, nur so ge_fallt ihr, lieb je_nen,der euch

hasst, ver_fol _ get sein.

Man wird uns in Bande

Fort   jetzt mit dem Misse _ thä_ter !

Fort   jetzt mit dem Misse _ thä_ter !

le_gen,martern und dem Tode   weihn.

Auf,   er_greifet den Ver_rä _ ther,

Auf,   er_greifet den Ver_rä _ ther,   wei _ let hier nun länger

siegt,   be _ siegt der Hölle Macht.

Auf, auf!   er_greifet den Ver_

Auf, auf!   er_greifet den Ver _ rä _ ther,   den Ver_

Auf, auf!   er_greifet den Ver_rä _ ther,   er _ greift, er_greift den Ver_

Mei _ _ ne Qual ist bald ver _ schwun _ den,

Ach, wir werden seinet _ wegen auch ge _ hasst, verfol _ get sein, man wird uns in Bande

räther. Weilet, wei _ let, weilet hier nun län _ ger nicht!

räther. Weilet, wei _ let, weilet hier nun län _ ger nicht!

räther. Weilet, wei _ let, weilet hier nun län _ ger nicht!

der Er_lö _ _ sung Werk voll_bracht, bald, bald ist

le_gen, martern und dem Tode weihn.

weilet, wei_let, weilet, wei _ let hier nun länger nicht, fort, fort,

weilet, wei_let, weilet, wei _ let hier nun länger nicht, fort, fort,

weilet, wei_let, weilet, wei _ let hier nun länger nicht, fort, fort,

der Höl _ le Macht, bald, bald ist gänz _ lich ü _ ber _

werden seinet _ wegen auch ge _ hasst, verfol _ get sein,

Ach, wir werden seinet _ wegen ge _ hasst, verfol _ get sein,

Fort, fort, fort jetzt mit dem Misse _

Fort, fort, fort jetzt mit dem Misse _

Fort, fort, fort jetzt mit dem Misse _

Höl _ _ _ le Macht. Mei _ ne Qual ist bald, ist bald verschwunden, der Er_

und dem To_de weihn, man wird uns in Bande le _ gen,

martern und dem To_de weihn, man wird uns in Bande le _ gen,

Auf! er_greifet den Ver_räther! schleppt ihn schleunig vor Ge_

Auf! er_greifet den Ver_räther! schleppt ihn schleunig vor Ge_

lösung, der Er _ lö _ sung Werk voll _ bracht,   bald ist gänzlich über _ wunden und be _ siegt der Hölle

martern   und dem To _ de   weihn !

martern   und dem To _ de   weihn !

schleppt ihn schleunig, schleunig vor Ge _ richt !   fort,   fort !

richt, schleppt ihn schleunig, schleunig vor Ge _ richt !   fort,   fort !

richt, schleppt ihn schleunig, schleunig vor Ge _ richt !   fort,   fort !

sin _ gen   dem er _ hab' _ nen Got _ tes _ sohn.

sin _ gen   dem er _ hab' _ nen Got _ tes _ sohn.

sin _ gen   dem er _ hab' _ nen Got _ tes _ sohn.

sin _ gen   dem er _ hab' _ neu Got _ tes _ sohn.

Allegro.

heilgen, heilgen Ju _ bel _ ton, im Ju_bel _ ton.

heilgen, heilgen Ju _ bel _ ton, im Ju_bel _ ton.   Prei_set

ton,   im heil'gen Ju_bel_ton, im Ju_bel _ ton.   Prei_set ihn,   ihr

ton,   im heil'gen Ju_bel_ton, im Ju_bel _ ton.   Prei_set ihn,   ihr Engel_chöre

set laut im heil' _ gen, heil'gen Ju _ bel _ ton.

set laut im heil' _ gen, heil'gen Ju _ bel _ ton.

set laut im heil' _ gen, heil'gen Ju _ bel _ ton.

preiset laut im heil' _ gen, heil'gen Ju _ bel _ ton.

Wel _ ten

dem er _ hab'nen Gottes _ sohn.

dem er _ hab'nen Gottes _ sohn.

dem er _ hab'nen Gottes _ sohn.

Prei _ _

dem er _ hab'nen Gottes _ sohn. Prei _ _ _ _ _ _ set, prei _ set ihn ihr Engelchö _ re

Preiset ihn,   prei_set ihn,   prei_set laut ——————— im heil'gen Jubelton, im heil'gen

Preiset ihn,   prei_set ihn,   prei_set laut ——————— im heil'gen Jubelton, im heil'gen

Preiset ihn,   prei_set ihn,   prei_set laut ——————— im heil'gen Jubelton, im heil'gen

Preiset ihn,   prei_set ihn,   prei_set laut ——————— im heil'gen Jubelton, im heil'gen

Mass in C

For Solo Vocal Quartet (SATB),
Chorus (SATB) and Orchestra

Op. 86 (1807)

Instrumentation

(follows score order)

2 Flutes [Flauti]
2 Oboes [Oboi]
2 Clarinets in C, A [Clarinetti]
2 Bassoons [Fagotti]

2 Horns in C, D [Corni]
2 Trumpets in C, D [Trombe]

Timpani [Timpani]

Violins I, II [Violino]
Violas [Viola]

Solo Vocal Quartet (SATB)
Chorus (SATB)

Cellos [Violoncello]
Basses & Organ (*continuo*) [Basso e Organo]

Kyrie

138   Mass in C (*Kyrie*)

Gloria

144   Mass in C (*Gloria*)

146   Mass in C (*Gloria*)

152   Mass in C (*Gloria*)

Andante mosso.

Qui tol _ lispec_ca _ ta mun_di,   qui tol _ lispec_ca _ ta mun_di,

Mi _ se_

Mi _ se_

Mi _ se_

Mi _ se_

senza Org.

158   Mass in C (*Gloria*)

Org. all' ottava.

Credo

Adagio.
in B.
pizz.
pizz.
pizz.
Et incar _ natus est de spi_ritu san_cto ex ___ Ma_ri _ a
Et incar _ natus est de spiri_tu san_cto ex Ma_ri _ a
Et incar_na_tus est, et incar_natus est de spiri_tu sancto ex Mari_ a
Et incar_na_tus est, et incar_natus est de spiri_tu san_cto ex Ma_ri _ a
pizz.
pizz.
senza Org.

Allegro ma non troppo.

in C.

Et re_su_re_xit,

et, et se_pul _ tus est, et se_pul _ tus est.

et, et se_pul _ tus est, se_pultus est.

et, et se_pul _ tus est, et se _ pul _ tus est.

et, et se_pul _ tus est, et se _ pul _ tus est.

non e _ rit fi _ _ _ nis, non, non.

non e _ rit fi _ _ _ nis, non, non.

non e _ rit fi _ _ _ nis, _non, non.

non e _ rit fi _nis, non, non.

Mass in C (*Credo*) 217

Sanctus

Allegretto ma non troppo.

be — ne — dictus qui ve-nit,

be — ne — dictus

qui ve-nit in no-mine do — mi — ni,

in no-mine do-mi — ni, be — ne —

dictus,

bene-dictus

6   7   3   6   7 6 6 6 6   6 7   5   6
                                       4

T.S.

Agnus Dei

Do _ na,   do _ na nobis pa _ cem,   do _ na

Do _ na,   do _ na nobis pa _ cem,   do _ na

Do _ na,   dona nobis pa _ cem,

pa _ cem,   do _ na

Do _ na,   do _ na   pa _ cem,

Do _ na,   do _ na   pa _ cem,

Do _ na,   do _ na   pa _ cem,

Do _ na,   do _ na   pa _ cem,

Org.
6   6   6
    4   5

Andante con moto, tempo del Kyrie.

END OF EDITION

266   Mass in C (*Agnus Dei*)